Zepp Oberpicher und Jürgen Post

Grubenkind

Porträt der Bergbauzeit im Ruhrgebiet

in Bildern und Texten

Henselowsky
Boschmann

Bücher vonne Ruhr
Schützenstraße 31, 46236 Bottrop
post@vonneruhr.de
www.vonneruhr.de
1. Auflage 2015
ISBN 978-3-942094-53-5
Herstellung: Westermann Druck Zwickau GmbH

Grubenkind

Kindlein in der Grube,
malocht sich schief, malocht sich schief.
Armes Kindlein, bist du krank,
dass du nicht mehr lachen kannst?
Grubenkind, Grubenkind.

Kindlein in der Grube,
der Doktor kommt geschwind, der Doktor kommt geschwind.
Der bringt keine Arznei,
nur Flönz und Pilsken hat er bei.
Grubenkind, Grubenkind.

Kindlein in der Grube,
hüpft und springt, hüpft und springt.
Da ist das Kindlein schon kuriert,
wie das rennt und galoppiert!
Grubenkind, Grubenkind.

Kindlein in der Grube,
jetzt ein Strahlemann, Strahlemann.
Da greift es beherzt zur Schüpp'
und fängt von vorne an.
Grubenkind, Grubenkind.

Ja, ich bin ein Bergmann, ein echtes Grubenkind. Der Pütt hat mich in über 30 Jahren geformt, hat sichtbare und unsichtbare Spuren hinterlassen. Es war nicht immer Zuckerschlecken, oft habe ich gezweifelt, die Tiefe, der Dreck, die Hitze. Doch ich war zu stolz um aufzugeben. Papa hat immer gesagt: „Kopf hoch, wenn der Hals auch dreckig ist …"
Die Fotografie war schon immer meine Leidenschaft, mein Bestreben war immer, das Schöne sichtbar zu machen, den Betrachter zu berühren. Mit viel Herzblut habe ich meine Bilder bearbeitet, so lange, bis mir eine Sekunde das Bergmannsherz stehengeblieben ist, erst dann sollte es fertig sein.
Meine Bilder sollen an den Stolz auf Geleistetes, die Tradition und den Zusammenhalt vor Ort erinnern. Kräftige Farben im Alltagsgrau sollen von der Kameradschaft und Leistungsbereitschaft symbolisiert berichten, Mut machen, Neues anzupacken, nicht Leere und Stillstand zuzulassen.
Dieses Buch mit seiner außergewöhnlichen Mischung aus gelebten Bergbaubildern und faktisch greifbaren lebendigen Texten soll Einblicke in ein anderes Leben geben.
Lassen Sie sich überraschen.
»Wir haben gelacht, wir haben geweint; der Bergbau geht, was bleibt sind WIR.« Glück auf!

Jürgen Post

Jürgen Post
1961 in Hamm geboren und aufgewachsen; 1979 Ausbildung zum Bergmechaniker; ab 1988 Steiger unter Tage; im September 2010 die „letzte Schicht" im Hammer Bergwerk Ost, danach Vorruhestand. Von Kindesbeinen an fotoverrückt; mit dem ersten eigenen Geld eine Kamera gekauft; durch HDR- und Colorkey-Bildbearbeitung anders als die anderen sein; präsentiert in vielen Einzel- und Gruppenausstellungen seine Bergbaubilder; außerdem: Kunst im öffentlichen Raum, Gestaltung von Collagen und Fotografien. Ab 2015 Kunstatelier mit Ehefrau Heike (der Jürgen Posts besonderer Dank gilt, da sie so lange an seiner Seite durchgehalten hat).

Um es gleich vorwegzunehmen, ich habe keine Ahnung vom Bergbau. Ich komme auch nicht aus einer Bergbaufamilie. Mein Vater war bei Mannesmann und meine Mutter zuhause. Aber der Bergbau gehörte im letzten Jahrhundert maßgeblich zum Ruhrgebiet – und wird bereits in diesem Jahrhundert weitestgehend vergessen sein.
Es interessiert mich nicht, wer wann mit welchem Hammer in welcher Tiefe welchen Stein zertrümmert hat. Mich interessieren immer nur die Menschen. Ihre Ziele, Gedanken, Ängste und Wünsche; die Leere im Kopf, das Rauschen im Gewühl, das Hin und Her der Gefühle, die Lust, der letzte Rest Tier.
So habe ich auf diese Fotos von Jürgen Post geschaut: Rauschen, Gefühl, Lust und Angst wollen gefunden werden. Mich interessiert nicht, was das Bild faktisch zeigt. Mich interessiert die Geschichte, die darin stecken könnte. Das „Grubenkind" sammelt Puzzlesteine, Momentaufnahmen, Fragmente – da alles Gelebte immer nur Fragment bleiben muss.

Zepp Oberpichler

Zepp Oberpichler

1967 in Duisburg geboren und aufgewachsen; ab 1979 eigene Texte; bringt sich selbst Gitarre spielen bei. Von 1988 bis 1993 Studium Germanistik mit Abschluss Magister. Ab 1990 Plattenveröffentlichungen u. a. mit Zepp Strange und der Jeff Dahl Group. Ab 1994 selbstständig mit eigener Agentur. 2002 gemeinsam mit Tom Tonk der Roman „Die Stones sind wir selber"; 2009 dann der Rock' n' Roll-Roman „Gitarrenblut" und das „Januar" betitelte Soloalbum; 2012 das Buch „Heartzland" und das Album „Kleine Kreise"; mehr als 25 Tonträger und über 150 eigene Songs veröffentlicht; über 600 Konzerte und Lesungen auf dem Buckel.

Palast

Tritt ein Fremder
Sieh an die Bögen
Tritt ein Fremder
Schaue nicht auf die Uhr.

Tritt ein mit Neugier
Sieh mein Vermögen
Tritt ein mit Neugier
Lausche meinem Schwur.

Kommt, ihr Spione
Schaut hinter das Blau
Kommt, ihr Spione
Sind mehr als Fliesen nur.

Tritt ein Fremder
Mache dich schlau
Tritt ein Fremder
Und schau nicht auf die Uhr.

Abteilung
Lean Processing

Fliegen

Winnie hatte immer Angst vorm Fliegen. Hat er mir mal gesacht. Fliegen, hat er gesacht, nee, da kannze mich mit jagen. Soll dat auch, hat er immer gesacht, inne Luft am steigen un ab nach Malle oder so. Fand der Winnie immer dämlich. Der is lieber in sein Sauerland gefahrn. Oder mim Moppet anne Mosel. Da hat er sich sein Zelt aufgebaut un Radio gehört un is ein bisschen Angeln gewesen. Wenn er watt gefangen hatte, hat er sich dat inne Fanne gekloppt un ap übert Feuer damit. Dabei war der Winnie dann am glücklichsten. Hat gestrahlt wie son Honigkuchenferd un is außem Grinsen nich mehr rausgekommen.

Einmal is er mit sein Moppet nach Hamburch hoch. Wollte den Michel sehn. Is ihm aber der Auspuff außem Flansch gerissen. Klar, hatter keine Kompression mehr gehabt und musste in die nächste Werkstatt knöttern. Da habense ihm dreihundertfuffzig Maak abgenommen für. War der sauer, der Winnie. Is er nie mehr nach Hamburch gefahrn. Hamburch, hatter immer gesacht, geh mich weg mit datt Hamburch, alles Verbrecher. Wusst er ja, wovonn er redet.

Immer Angst vorm Fliegen, der Winnie. Un eines Tages hattense Wetterschlach auf zwölfhundert. Is er unten geblieben. Kam nie mehr hoch. Hatte immer Angst vorm Fliegen, unser Winnie.

Moll

Kann ein Lied in Moll nicht singen
Bin abonniert aufs Dur
Bei Moll will mir die Stimm' zerspringen
Mag halt das Schöne nur.

Was will das Moll mir denn auch sagen
Mit seinem dumpfen Unterton
Kämst du herein und würdest mich fragen
Begrüßte ich in Dur dich schon.

Ich kann ein Leben in Moll nicht gestalten
Bin auf das Frische, das Reine aus
Ich möchte weder Kummer noch Schmerz verwalten
Bei mir gehen Geschichten mit gutem Ende aus.

Doch manches Mal in langen Sekunden
Traf auch mich ein mollner Ton
Und wähnte ich ihn bereits überwunden
Ein neuer emporschlich schon

Glück auf!

Käfig

Wo das Senkrechte in das Waagerechte greift,
wo man jeden Vorsprung weggeschleift,
wo niemals eine Südfrucht reift,
da bin ich zu Hause.

Wo die Aussicht hinter Trümmern liegt,
wo Stahl in Stahl sich schmiegt,
wo niemals eine Strebe biegt,
da bin ich zu Hause.

Wo der letzte Traum heißt Reisen,
für die Jungen und die Greisen,
umschlossen nur von Eisen,
da bin ich zu Haus.

Post

Er stand jeden Tag am Bahnhof, und die Züge rauschten heran, rauschten vorbei. Jeden einzelnen verdammten Tag stand er da, und langsam begannen die Leute zu reden. Wer er denn sei, und haben Sie nicht gesehen, stand gestern schon da. Den ganzen Tag, eingestiegen ist er nie, und abends dann ist er einfach wieder gegangen. Aber am nächsten Morgen stand er wieder da, genau wie tags zuvor. Erste Witze machten die Runde, der Steher wurde er genannt, hinter vorgehaltener Hand. Steher, verstehnse, Steher, wie Latte. Und irgendwann nach drei Wochen fingen die Schulkinder an, kleine Steine nach ihm zu werfen, einfach so. Kleine Steine, tun doch nicht weh. Soll sich nicht so anstellen, der Steher. Steht ja nur da, bei Sonne, bei Wind, bei Wetter und geht doch in keinen Zug. Was macht er nur, was soll das werden. Vielleicht sollte man den mal abholen, ja auf jeden Fall abholen. Ist ja krank, hier einfach immer zu stehen, Steher, pah! Holt ab den kranken Steher, eingeschlossen gehört der, weg mit dem. Hinterher tut der einem noch ein Leid an, der Steher, ist ja unheimlich, das. Hat sich nicht gegen die Kinder gewehrt, die ihre Steinchen schmissen. Hat nichts zu denen gesagt. Jeder andere hätte denen doch, aber links und rechts hätte man denen, den Blagen. Aber nicht der Steher, bekloppt ist der doch. Fünf Wochen geht das jetzt bestimmt schon so. Mensch Rudi, mach du doch mal was, geh doch mal dahin und frag den mal, was das soll.
Ach wartet auf Post, von seiner Liebsten, aus USA. Ein Telegramm soll sogar kommen! Ach wollen heiraten, das ist ja schön, nicht wahr? Habe ich ja sofort gesagt, dass der bestimmt auf etwas Besonderes wartet. Wartet auf eine Nachricht von der Liebsten, jeden Tag hier, bei Sonne, bei Wind, bei Wetter. Würde Rudi bestimmt nicht tun, der hat ja immer nur seinen Fußball im Kopp. Steher, toller Mann, der.

Einblick

Ich möchte so vieles noch erleben,
möchte so vieles ausprobieren.
Habe nie genug von diesem Leben,
sollte ich auch mal verlieren.

Gehe immer einen Schritt weiter,
immer einen Schritt nach vorn,
und selbst von der Galgenleiter
springe ich ins volle Korn.

Auch mit verbundenen Augen
bleibe ich auf meinem Weg.
Wo die Schuhe nichts mehr taugen,
mich in die Riemen leg.

Und hinter jeder Türe,
erwartet mich das Glück.
Und wo ich keinem mehr gehöre,
schaue ich auch nicht zurück.

AB HIER
BRILLEN-TRAGEPFLICHT

Tarzan

Als Kinder haben wir gerne Tarzan gespielt. Also einer war Tarzan, immer der Reihe nach, einer Cheetah, die andern irgendwelche anderen Tiere oder Wilderer. Wilderer wurde gerne genommen, wenn man gerade nicht Tarzan sein konnte. Wir haben immer drei Wilderer gehabt. Also wenn jetzt Olli Tarzan war, war Dirchi vielleicht Cheetah und Andi, Tom und Andizwei waren die Wilderer. Die Wilderer haben dann irgendwelche Tiere geschossen, also Frenne, Hennes und Jockel, oder seltsame Urwaldschätze geraubt. Und Tarzan hat das natürlich verhindert, hat viel am Seil an der alten Platane geschwungen. Hat immer den ganzen Nachmittag gedauert, das Verhindern. Vormittags war ja Schule und um halb sieben gab es Abendbrot. Also ein Dubbel mit Salami oder Kinderwurst, manchmal auch Käse, aber eigentlich wollten immer alle Wurst. Hauptsache Wurst. Wurst war immer gut. Und am nächsten Tag wieder Schule und dann Tarzan spielen. Jane wollte nie einer sein.

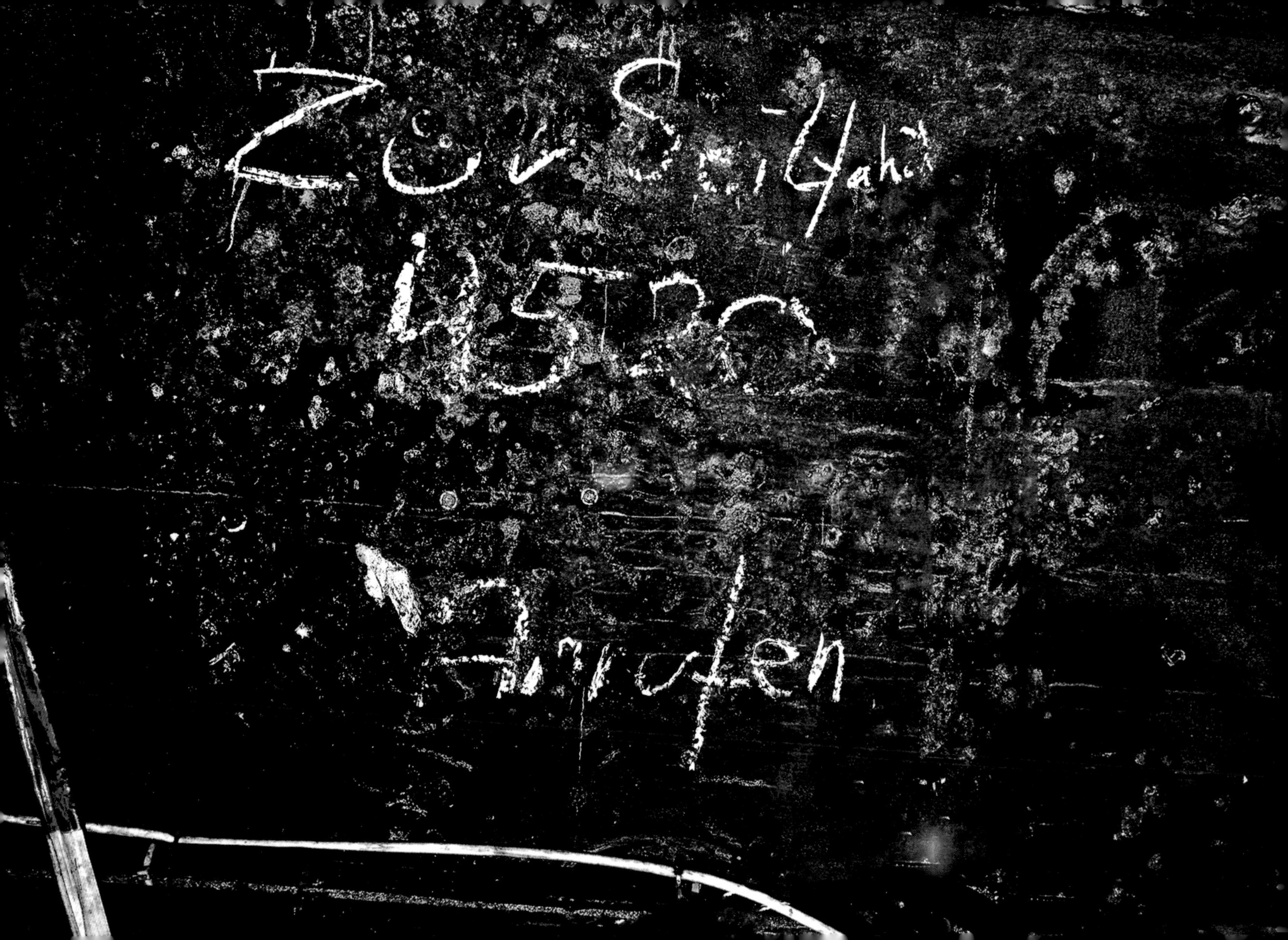

Cheetah

Einmal war Dirchi Tarzan. Andizwei war Cheetah, drei waren Wilderer, und die anderen haben Fährten gelegt. Es ging um eine Expedition, das hatten wir bei Grzimek gesehen. Allerdings war unsere Serengeti die alte Industriebrache am Verladebahnhof. Also Cheetah vorneweg, musste ja immer super klettern, und dann ist Andizwei auf diesen alten Rostturm gekraxelt, und irgendwann ging das nicht mehr weiter. Er am schreien, Hilfe und holt mich hier runter und so und wenn er wieder zu spät zum Abendbrot kommt, gibt's den Arsch voll und so. Wir natürlich am lachen, hat er Schiss gehabt und sich fast inne Bux gemacht. Dann allerdings meint er plötzlich, wir sollen ein paar alte Kartons aus der Lagerhalle holen, also dem Inka-Tempel und die unter ihm aufbauen. Hat er mal im Fernsehn bei einer Stuntman-Show gesehen. Wir also die Pappdinger aufgestellt, und er ist dann da einfach reingeschossen. War locker zwannzig Meter hoch, der Doof. Hat sich alle Knochen gebrochen. Armer Cheetah.

Kuczmirek

Andizwei war volle Kanne am schreien. Hat gesaftet aus allen möglichen und unmöglichen Löchern. Wir hatten überhaupt keine Ahnung, was wir machen sollten. Klar war nur, wenn der nicht sofort ins Krankenhaus kommt, kratzt der ab. Der olle Kuczmirek kam gerade von der Schicht, hatte aber mit den Kumpels noch ein, zwei bei Renate genommen. Hatte also ein bisschen Schlagseite und wollte über Verladebahnhof abkürzen, mit seinem alten Drahtesel. Wollte auch pünktlich zum Abendessen sein. Die olle Kuczmirek konnte nämlich ne echte Sau von Mensch sein, wenn man zu spät zum Essen kam. Hat er uns dann aber gehört und gesehen, trotz zwei Promille. Der hat dann Andizwei hoch genommen wie ne Feder und ist mit dem die anderthalb Kilometer zum Doc Lange gerannt. Wie ein Olympialäufer muss der gewetzt sein, habe ich nie wieder gesehen so was. Doc Lange hat Andizwei wohl schnell ne Spritze gegeben, und dann kam schon der Notarztwagen. Da waren wir dann auch beim Doc. Das war vielleicht ein Auftrieb! Alle am kucken.

Andizwei

Plötzlich hieß es, dass nicht genügend Blutkonserven für Andizwei vorhanden sind. Wir brauchen Blut, mehr Blut schrie der Vater von Andizwei quer über die Siedlung. Da bin ich mit Dirchi, der ja noch Tarzan war, zum Pütt. Wir einfach in nullkommanix aufs Gelände und volle Kanne in den Schichtwechsel geplatzt. Blut braucht Andizwei, Blut, haben wir die ganze Zeit geschrien. Hätteste mal sehen sollen, wie schnell die Kumpels in den Bus und ab zum Krankenhaus. Der lange Schirnich von gegenüber hat später erzählt, dass die Weißkittel 24-mal je einen halben Liter Blut abgezapft haben, also jetzt nicht jedem, sondern jedem Kumpel nur einen halben. Dann haben die son bisschen rumgetestet, und zwei halbe Liter konnten die gebrauchen. Die haben die dann in den linken Arm von Andizwei reingeschickt, und nur so hat der wohl überlebt. Musste Andizweis Vater hinterher bei Adelheid aber fett einen ausgeben, den Kumpels und allen aus der Siedlung.

Seilbahn

Runter kommen sie immer,
sagt man.
Runter kommen sie immer,
weiß man.
Aber kommen die auch wieder hoch,
fragt man.
Die kommen wieder hoch,
hofft man.

Und so ziehen sie wieder runter,
sagt man.
Und man holt sie wieder hoch,
weiß man.
Wo das Radwerk täglich dreht,
fragt man.
Dass das Radwerk täglich dreht,
hofft man.

SIEMENS-SCHUCKERTWERKE

Nummer

Ich bin 5505.
Rechts neben 5504.
Links neben 5506.

Über mir 5405.
Links daneben 5404.
Rechts daneben 5406.

Unter mir 5605.
Links daneben 5604.
Rechts daneben 5606.

Weiter darüber 5305.
Links daneben 5304.
Rechts daneben 5306.

Weiter darunter 5705.
Links daneben 5704.
Rechts daneben 5706.

Gekettet ans Leben.
Geschraubt an Streben.
Abgestellt im Neben.

5498
5499
5500
5501
5502
5503
5504
5505
5506

Frosch

„Hast du den Frosch gesehen", fragte die Prinzessin eines Tages ihren Stallburschen. Der Stallbursche schaute sich um, als wüsste er von nichts. „Frosch", fragte er verlogen, „meine Prinzessin, welchen Frosch meinet Ihr?" Die Prinzessin schaute traurig zu Boden und antwortete mit zittriger Stimme: „Meinen Frosch, meinen Prinzen, meine Zukunft, mein Herz." Da bekam der Stallbursche einen Stein im Magen, und seine Knie wollten ihm den Dienst versagen. Doch er blieb fest in seiner Stimme und sprach: „Meine Prinzessin, Sie fragten mich nach einem Frosch und sprechen nun von Ihrem Prinzen. Sagen Sie mir bitte, wie geht das zusammen?" Die Prinzessin schaute den Stallburschen mit wässerigen Augen an und sprach wie zu sich selbst: „Er war verzaubert, mein Prinz. In der Gestalt des Frosches kam er des Nachtens zu mir, und wir küssten uns manche Stunde." Da entschuldigte sich der Stallbursche verlegen. Wie hätte er ihr sagen sollen, dass er des Morgens einen Frosch gefangen hatte, ihn aufblies und mit einem Lachen hatte zerplatzen lassen?

östl. Förderung Scht. Robert
Güterförderanlage – Gefäßförderung
Elektr. Leistung : 4000 KW
Förderleistung : 540 t/h
max. Nutzlast/Zug : 18 t
max. Züge/h : 30
max. Fahrgeschwindigkeit : 17 m/s
Fahrweg : 1096 m
Förderseildurchmesser : 69 mm
Förderseilgewicht
Turmhöhe : 65 m
Höhe – Maschinenbühne : 53 m
Baujahr : 1952
umgebaut : 1977/78

Milchstraße

„Wie groß wohl die Milchstraße ist", fragte das Kind.
„Das ist eine eigene Welt", sagte der Großvater.
„Ja aber die muss doch auch einer kennen", sagte das Kind.
„Vielleicht", sagte der Großvater.
„Dann lass uns den doch suchen", sagte das Kind.
„Warum", fragte der Großvater.
„Weil ich das wissen will", sagte das Kind.
„Ich nicht", sagte der Großvater.
„Warum nicht", fragte das Kind.
„Ich habe hier meine eigene Milchstraße", sagte der Großvater und schaute weiter auf den Pütt.

Hobo

Es war zu der Zeit, als eine große Dürre durch das Land ging. Die Felder verdörrten und gaben keinen Weizen. Die Bäche, Flüsse und Seen trockneten aus und hinterließen nur Sand und Geröll. Kuhherden, Schweinerotten, Ziegen, Hunde und Katzen zogen durch das Land auf der Suche nach Wasser, und die Schwachen unter ihnen verendeten auf ihrem Weg. Einige Bauern versuchten dem Versteppen zu trotzen, und manche von ihnen fand man später erhängt von eigener Hand. Wer irgend konnte, zog nach Westen, zur Küste hin. Dort sollte es Wasser und gut bezahlte Arbeit auf den saftigen Feldern geben.
Tausende zogen los, mit klapperigen Kutschenwagen, schnaufenden Traktoren, auf den Rücken von Vieh, zu Fuß. Die Wenigsten kamen an. Und dort, wo sie ankamen, waren sie nicht willkommen. Wurden ausgelacht, verstoßen und beleidigt. Wollten nur dem sicheren Hungertod entfliehen, wollten für ihren Unterhalt arbeiten, fanden nur Verachtung. Wer nur irgendwie die Kraft aufbringen konnte, versuchte es auf einen der Güterzüge zu schaffen, die nach Norden fuhren. Dort sollte es gut bezahlte Arbeit geben, in den Mienen, in den Bergen.

44512
PL22
GEWICHTSWAGEN
SCHACHT
HEINRICH
820 KG

Blatt

Nach einer
Phase des
Fallens wurde
Das Blatt –
Gelöst vom
Ast des
Baumes, fest
verwurzelt im
steinigen Boden,
aufgenommen vom
Wasser des
Baches, der
es in
den großen
Fluss des
Lebens trug

Weißboy

Ich bin der weiße Mann, der niemals schläft.
Sieh, weißer Helm und weiße Schuh.
Ich bin der weiße Mann, der niemals schläft.
Nirgends find' ich meine Ruh.

Ich bin der weiße Mann mit straffem Schritt.
Gegossen in das Blau.
Ich bin der weiße Mann mit straffem Schritt.
Auf dem Weg zu keiner Frau.

Ich bin der weiße Mann und geh' nach rechts.
Zum Rand der Rundung hin.
Ich bin der weiße Mann und geh' nach rechts.
Anderes gibt keinen Sinn.

Ich bin der weiße Mann, gebaut aus Eisen.
Und draußen lungern drei.
Ich bin der weiße Mann, gebaut aus Eisen.
An denen muss ich schnell vorbei.

Oh weißer Mann, oh weißer Boy,
meine Welt dreht sich im Kreise.
Oh weißer Mann, oh weißer Boy,
weiter geh' ich leise, weiter geh' ich leise.

Zugpferd

„In der Politik läuft das einfach anders", zischte Martin, neuerdings Mattheo genannt, seine Freundin Rita, noch unbekannt, an. „Da musst du unheimlich auf Zack sein, wenn du was werden willst." Martin schaute Rita mit einem Blick an, der ihr sagen sollte: Ich Tarzan, du Jane.
„Was glaubst du eigentlich", beschwor Martin Rita, „wie oft ich schon den Buckel krumm gemacht habe, um dahin zu kommen, wo ich jetzt bin?" Martin ließ seine stahlblauen Augen blitzen, die sagen wollten: Ich Tarzan, du Jane.
„Die brauchen ein Zugpferd. Einen, der den Karren aus dem Dreck zieht und die Kuh vom Eis holt. Einen, der das Olympische Feuer weitergibt, wenn du verstehst, was ich meine. Also, wenn du die Tragweite dieser Aufgabe überhaupt erfassen kannst." Martin warf seine Stirn in krause Falten, was Rita sagen sollte: Ich Tarzan, du Jane.
„Einen Lastenaufzug, einen Förderturm, einen Leistungsträger, brauchen die jetzt", und Martin pumpte selbstgewiss drei Liter Luft in seine Lungen.
„Und warum kommen die dabei auf dich", fragte Rita mit einem Unterton, der sagte: Du Arschloch, ich Jane.

Licht

„Licht“,
soll Goethe
kurz vor
seinem Tod
gerufen haben,
„Mehr Licht“.
Wer wollte
es ihm
verdenken?

Schicht

Die letzte Schicht, der letzte Tag. Tagelang, wochenlang, monatelang, ja ewig hatten Wolle, Hotte und Enno darauf hingearbeitet. Endlich ist der Scheiß dann vorbei, hatten sie sich jeden Nachmittag, als es nach Hause ging, zugerufen. Vor drei Monaten noch ziemlich laut, vor zwei Wochen schon leiser, wenige Tage zuvor nur mehr flüsternd. Und heute wollte das nicht mehr über die Lippen kommen. Der letzte Tag, die letzte Schicht. Bürgermeister, Arbeitsminister, der Stadtrat komplett, alle waren sie da. Wollten Grußworte richten, wollten Danke sagen, wollten die Arbeiter für ihren Einsatz loben, wollten die Zeche hochleben lassen. Wolle, Hotte und Enno hielten es nicht mehr aus, gingen stumm zum langen Kalle hin, der das Büdchen gegenüber Tor eins betrieb. Stellten sich ohne ein Wort an den runden Tisch, bekamen jeder eine Flasche Export und einen Kurzen. Stießen wortlos an und heulten los, wie die Schlosshunde.

Gewissheit

Watt nich is –
is nich!
Is so.

Denn et is –
wie et is!
Feddich.

2S
2S

Vogel

Mama?
Ja, mein Kind.
Sag mal, warum sitzt unser Peter eigentlich im Käfig?
Das ist halt ein Vogel, und der gehört eben in einen Käfig.
Aber draußen die Vögel sind doch auch nicht im Käfig.
Nein, aber Peter ist ja auch ein Hausvogel.
Aber wenn der im Haus ist, kann der doch eh nicht raus.
Ja und wenn einmal ein Fenster offen steht.
Traut der sich doch gar nicht.
Ist egal, das ist ein Vogel, und der gehört in einen Käfig.
Ja aber so ein Haus ist doch Käfig genug.
Für wen?

Plan

Wie soll ich mich hier jemals zurechtfinden, fragte sich Ralf, als er durch die langen Gänge des Bezirksamtes schlich. Wenn Sie heiraten möchten, müssen Sie in die dritte Etage, Gang IV, Zimmer 344, für einen neuen Personalausweis bitte im Parterre zum Bürgerbüro, bei Wohngeldfragen müssten Sie ins Untergeschoss, Gang 3b, Zimmer U 123 oder 4, bei – er fragte nicht weiter. Ein Gang folgte dem nächsten. Ein schmuckloses Zimmer folgte auf ein anderes schmuckloses Zimmer. Von unten, nach oben und von oben, nach unten. In der Mitte war gerade Pause. Wo hatte ich denn nur meinen Laufzettel hingesteckt, fragte sich Ralf, als er wiederholt vor der falschen Tür wartete, um eingelassen und weiterverwiesen zu werden. Ein Laufzettel wäre schon mal nicht schlecht, dachte Ralf, oder ein Plan. Ein Lageplan, mit Etage, Gang, Zimmernummer und Begehr. Ja, so ein Plan wäre eine feine Sache, sagte sich Ralf. Aber so einen Plan gab es nicht. Weder auf Etage drei noch im Untergeschoss. Weder im Bürgerbüro noch in Zimmer U 123 oder 4. Weder im Obergeschoss noch sonst im Leben.

Freund

Ich suchte immer nur den Freund.
Nicht irgendeine flüchtige Bekanntschaft oder irgendeinen Flirt.
Einen, der auch mein Leben mit anpackt.
Und dem meins wie mir seins gehört.

Ich stellte ihn mir vor wie einen Bruder.
Fleisch und Blut, jedoch nicht aus einem Wurf, nicht aus einem Stall.
Einen, der das Herz am rechten Fleck hat.
Und dem meins wie mir seins gehört.

Doch was ich fand, waren oft Ganoven.
Abzieher, Ausnutzer, Übervorteiler, Schlechtredner, Niedermacher.
Keinen, der auch mein Leben mit anpackt.
Und dem meins wie mir seins gehört.

Dennoch suche ich immer noch den Freund.
Egal, wem was uns wie gehört.

Labyrinth

In einem Pulverfass aus Socken
fand ein Leguan einst ein Kind.
Das wollte den ganzen Tag nur hocken,
wo die ganzen Socken sind.
Dort gab es gelbe und auch grüne
rote gab es und blaue sogar
ja es gab sportliche und kühne
manche verschwommen und manche klar.

Doch dieses Fass, welch Wunderding,
nicht unten stand, sondern oben hing.

Manche verschwommen und manche klar
ja es gab sportliche und kühne
rote gab es und blaue sogar
dort gab es gelbe und auch grüne.
Wo die ganzen Socken sind,
wollte es den ganzen Tag nur hocken.
Es fand ein Leguan einst ein Kind
in einem Pulverfass aus Socken.

Geruch

Muss ich mir den Geruch wieder wegwaschen, deinen und meinen?
Den Geruch von Leben und Lust, von Vergängnis und Most?
Den Geruch, den ich eigentlich am liebsten habe?
Den Geruch, der immer nur alle paar Wochen kommt?
Ah, das pure Leben, dieser Geruch.
Muss ihn aber wegwaschen, jetzt, geht zum Essen, oder?
Diesen Geruch nach jungen Pfirsichen und Salz?
Du möchtest es weggewaschen haben, mein Schatz?
Diesen Geruch, jetzt, wirklich?

Ruhrpottkind

In Duisburg, da steht meine Wiege.
Und in Bochum fand ich meine Liebe –
In Mülheim, da steht mein Zuhaus'.
Und hier im Ruhrpott gehen auch meine Lichter aus.

Ich bin ein Ruhrpottkind – watt willze machen?
Hab geliebt, gelebt, erlebte schöne Sachen.
Wo man aus Freude lacht, da lache ich für drei.
Bin ein Ruhrpottkind und habe Spaß dabei.

Und tret' ich irgendwann vor meinen Schöpfer,
hoffe ich, er ist kein Zugeknöpfter.
Er kuckt mich an – „Dich lass ich vielleicht rein,
und nu erzähl, watt bis du denn für ein'?"

Ich bin ein Ruhrpottkind – watt willze machen?
Hab geliebt, gelebt, erlebte schöne Sachen.
Wo man aus Freude lacht, da lache ich für drei.
Bin ein Ruhrpottkind und habe Spaß dabei.

Und zückt der Alte
dann die lange Liste,
kuckt kurz drauf und sagt:
„So einer bist'e!
Jetz schnell rein,
wir fackeln hier nicht lang,
bist ja einer,
den ich gut leiden kann.
Bist ein Ruhrpottkind –
brauchst'e nix machen.
Hast geliebt, gelebt,
erlebtest schöne Sachen.
Drum lass ich dich
auch in den Himmel rein.
Da kannste mit andern
Ruhrpottkindern glücklich sein!
Da kannste mit andern
Ruhrpottkindern glücklich sein!"

Glut

Im Schuppen brennt noch Licht
Im See schwimmt noch Fisch
Im Buch glänzt noch Gedicht
Im Zimmer steht noch Tisch

Im Konzert jubiliert noch Gesang
Im Bauch sättigt noch Speise
Im Kino reicht noch Rang
Im Park tanzen noch Greise

Im Strauch wächst noch Frucht
Im Schrank hängt noch Hut
Im Meer rettet noch Bucht
Im Aschehaufen wärmt noch Glut

Gut!

Zu den Fotos:
(7) Lichthof Bergwerk Ost, Heinrich-Robert; Treff- und Sammelpunkt für die Bergleute.
(9) Kameradschaft unter Kumpels.
(11) Ein Bergmann in seiner typischen Tracht; darunter der berühmte „Berggeist".
(13) Schacht Heinrich, Seilfahrt; Bergleute kommen mit dem Förderkorb von der 7. Sohle hoch.
(15) Rasenhängebank Schacht Grimberg mit Anschlägerbude.
(17) Wettertür-Durchgang zum Schacht Grimberg 2; auf dem Foto Aufsichtshauer Harald Rimkus.
(19) „4520" – Telefonnummer für den Kontakt zum Fördermaschinisten von Schacht Grimberg 2; ein „ausziehender" Schacht; die verbrauchte Luft (Wetter) wurde von einem Grubenlüfter herausgesaugt; dementsprechend „angenehm" hat es hier auch geduftet.
(21) Schacht Lerche; von der obersten Seilumlenkscheibe über 1000 Meter in die Tiefe runterfotografiert; dieses Schachtgerüst ist eine der modernsten Fördergerüst-Arten der RAG und hat die Form eines Golfschlägers.
(23) Der Hammerkopfturm des Bergwerks Ost, weithin sichtbares Wahrzeichen von Hamm; hier wurde Steinkohle zu Tage gefördert; Spitzenjahresleistung von über 3,2 Millionen Tonnen waren mit dieser Skipförderanlage möglich; im Vordergrund der Aufsichtshauer Habip Cakir.
(25) Bustranfer zum Außenschacht; um Anfahrtzeiten zu den Arbeitsplätzen in den weitläufigen Grubenfeldern zu minimieren, wurden sogenannte „Schwarzbusse" eingesetzt; mit grüner Warnweste Steiger Jörg Weber.
(27) Elektrische Fördermaschine Heinrich; Baujahr 1907, erneuert 1977/78; mit zu 12m/s Fördergeschwindigkeit wurden Bergleute zuverlässig ans Tageslicht befördert; September 2011 wurde der Betrieb eingestellt.
(29) Kauenhaken in der Mannschaftsschwarzkaue; an einer langen Kette hing der Korb mit Kleiderhaken, damit der Bergmann sein Arbeitszeug deponieren konnte.
(31) Fördermaschine Robert im Hammerkopfturm; hier wurde mit der Gefäßförderung die abgebaute Steinkohle zu Tage gefördert; Tagesleistungen von über 10 000 Tonnen Steinkohle waren möglich.
(33) Bergwerk Ost Heinrich-Robert von der Kissinger Höhe aus; der Abraum bzw. das „taube Gestein" wurde direkt neben dem Zechengelände auf einer Halde aufgeschüttet; heute ist dieses Areal ein Naherholungsgebiet mit Wanderwegen sowie einem Bergbaulehrpfad und gehört zur „Route der Industriekultur".
(35) Zwei typische Loren, im Fachjargon „Tonnenwagen"; mit ihnen wurde in den frühen Bergbaujahren die Steinkohle gefördert; später wurden sie nur noch als Materialtransportwagen benutzt.
(37) Haldenbild; das Bergwerk Ost Heinrich-Robert hat zu Hochzeiten des Abbaubetriebes mehr als 5000 Mitarbeiter beschäftigt; in dieser Zeit liefen mehrere Abbaubetriebe gleichzeitig mit einer Tagesförderung um die 10 000 bis 13 000 Tonnen Steinkohle, die ausschließlich zur Herstellung von Stahlerzeugnissen benötigt wurde.

(39) Bergleute in Schutzkleidung direkt vor Ort; diese drei waren für die Hohlraumverfüllung zuständig; mit flüssigem Beton von über Tage wurden an den Strebrändern Hohlräume geschlossen; extreme Temperaturen, der oft beengte Arbeitsplatz und der Dreck haben „meinen" Bergleuten sehr zu schaffen gemacht.
(41) Förderräder des Schachts Heinrich; dieser Seilfahrts- und Materialschacht wurde 2014 verfüllt; mit Schließung der Zeche verbleiben über 60 Millionen Tonnen Fettkohle in der Tiefe.
(43) Mannschaftskaue, in der Schweiß und Staub runtergewaschen wurde; zu Spitzenzeiten wurde hier mehreren Hundert Bergleuten der Rücken gepuckelt; wer genau hinschaut, sieht noch einen nackten Mann ...
(45) Materialbahn; im den laufenden Unter-Tage-Betrieb mit Material zu beliefern, wurden „Untersetzer" (rollende Unterwagen) mit Materialwannen beladen; unter Tage wurden die Materialwannen von Dieselkatzen in die Reviere gefahren.
(47) Dieselkatze; mit diesen Einschienenhängebahnen wurde insbesondere Material vom Materialumschlagplatz in die Reviere gefahren.
(49) Kauenhaken; damit haben Bergleute ihre Arbeitskleidung aufgehängt; nach 109 Jahren Abbaubetrieb steht die Kaue von Bergwerk Ost Heinrich-Robert leer.
(51) „Noch einmal meine Kaue sehen, heute ist meine letzte Schicht." Geschichten und Anekdoten erzählte mir dieser Bergmann und raufte sich dabei die Haare; der Bergbau hat bei uns Spuren hinterlassen.
(53) Kameradschaft war und ist für Bergleute kein leeres Wort; vor Kohle musste man sich fast blind auf seinen Kumpel verlassen können; in meinen Bildern soll man die Emotionen und den Zusammenhalt spüren.
(55) Mannschaftskaue, der „Umkleideraum" der Bergleute; die Zivilkleidung wurde in der Weißkaue aufgehängt, in der Schwarzkaue wurde die Arbeitskleidung angezogen.
(57) Der „Tiger"; er war Sprengmeister für den Unter-Tage-Betrieb; Bergleute mit Spitznamen waren überall beliebt. Ja, er war ein Tiger.
(59) Zwei Bergleute von echtem Schrot und Korn; wer diese Kameradschaft erlebt hat, der weiß, was echtes Wirgefühl bedeutet. Links: Heinrich Cieszynski: rechts Uwe Reichard.
(61) Hauptgebäude des Bergwerks Ost Heinrich-Robert; die graue Farbe soll das Jetzt symbolisieren: Leere, verschlossene Türen, Stille; die orange Farbe steht für Leistungsbereitschaft und Arbeit unserer Bergleute, für das, was sie für die Region geschaffen haben.
(64) Auf dem Hammerkopfturm; mein Steigerkollege Michael Henning wollte noch mal seinen Pütt sehen; der Blick in die Ferne, die Hände fast wie zu einem Gebet gefaltet; lange hat er geschaut.
Meine Bilder möchten Geschichten erzählen, die das Leben hätte nicht besser schreiben können. Der Bergbau geht, was bleibt sind WIR. Glückauf!

Gebet

Lieber Gott,
je mehr ich arbeite, mir die Knochen
wund maloche, mir den Rücken schief
buckel und mir die Lunge kaputt hechel
von dem scheiß Staub, um so mehr
habe ich das Gefühl, es ist zu wenig.

Und um so mehr ich schaffe, um so mehr
ich mich reinhänge, um so mehr ich
von mir rauslasse, um so mehr fühle ich,
ich bin allein.

Und irgendwann werde ich schweigen –
Und keiner wird es merken.
Wetten?

Aber, lieber Gott,
kuck dir mal an, was wir geschafft haben.
Was wir da geschaffen haben.